Couverture inférieure manquante

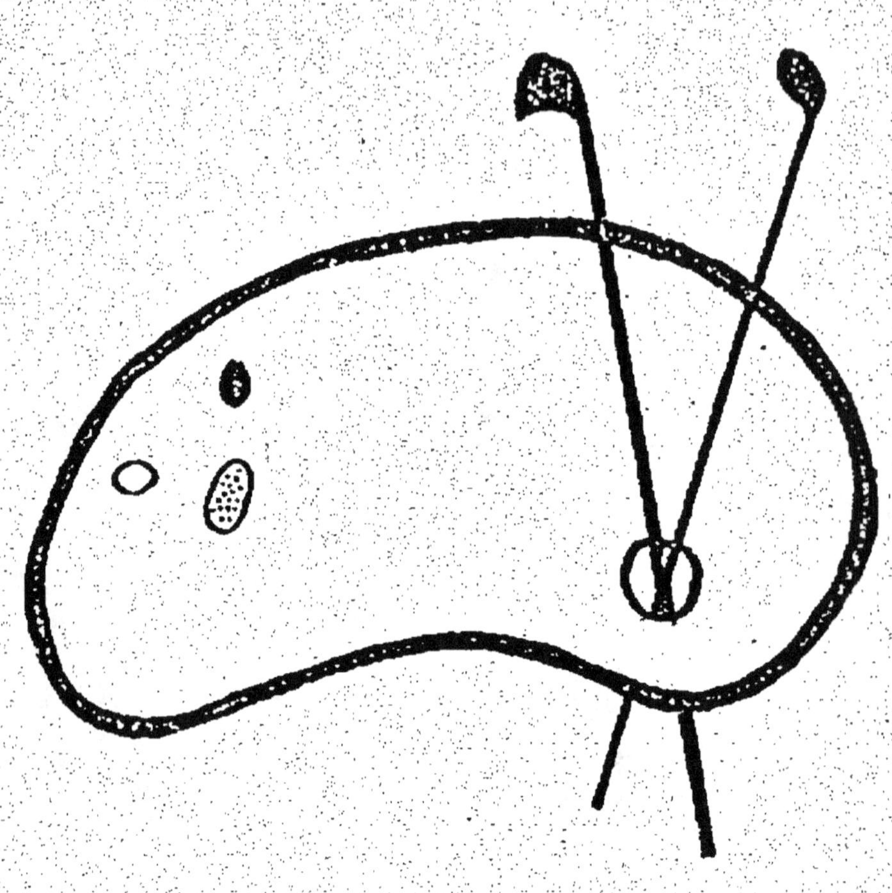

DÉBUT D'UNE SÉRIE DE DOCUMENTS
EN COULEUR

Abbayes Bénédictines

DE SAINT BENOIT D'ENCALCAT ET DE SAINTE SCHOLASTIQUE

A DOURGNE (Tarn)

SOUVENIR

DES 23-24 SEPTEMBRE 1896

SENS

IMPRIMERIE DE PAUL DUCHEMIN

1896

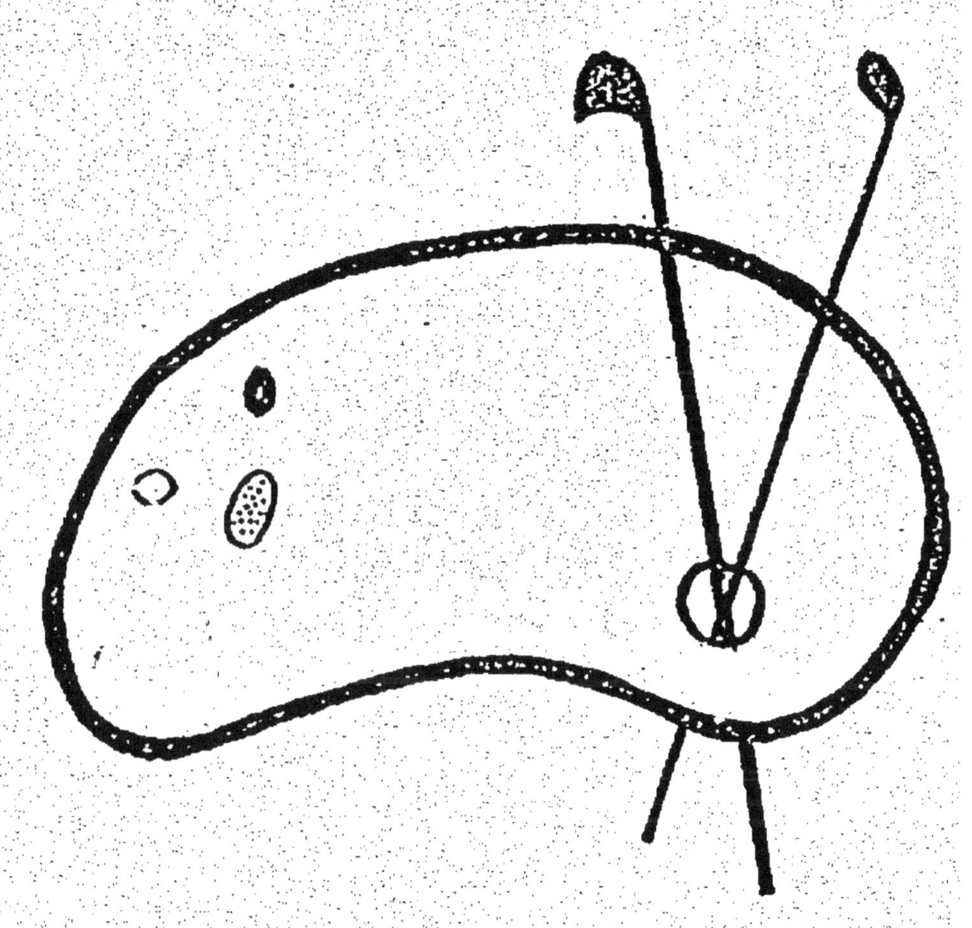

FIN D'UNE SERIE DE DOCUMENTS
EN COULEUR

Abbayes Bénédictines

A Dourgne

Abbayes Bénédictines

DE SAINT BENOIT D'ENCALCAT ET DE SAINTE SCHOLASTIQUE

A DOURGNE (Tarn)

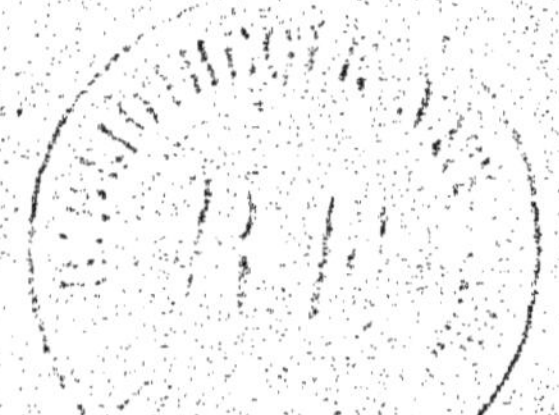

SOUVENIR

DES 23-24 SEPTEMBRE 1896

SENS

IMPRIMERIE DE PAUL DUCHEMIN

1896

ABBAYE DE SAINT-BENOIT

R^{me} PÈRE ABBÉ D'ENCALCAT

ABBAYE DE SAINTE-SCHOLASTIQUE

MADAME L'ABBESSE

SOUVENIR

DES 23-24 SEPTEMBRE 1896

Grande fut la joie de tous les amis de l'ordre bénédictin, et des deux monastères de Dourgne en particulier, quand on apprit l'érection en abbaye des couvents de Saint-Benoît et de Sainte-Scholastique. Seuls, ceux qui ne connaissaient pas la lente préparation qu'avaient subie ces deux fondations, purent être étonnés d'une élévation qui, en réalité, arrivait à son heure.

Les deux communautés, appelées à choisir, l'une son Abbé, l'autre son Abbesse, eurent bientôt fait connaître leur volonté, dont chacun était sûr d'avance. Le R. P. dom Romain, Prieur et fondateur de Saint-Benoît d'Encalcat fut, à l'unanimité, élu Abbé de ce monastère ; Madame Marie Cronier fut, à l'unanimité

aussi, choisie pour première Abbesse de Sainte-Scholastique. Dans les maisons religieuses le vote est aussi
éclairé que désintéressé, et ici la voix du peuple est la
voix de Dieu.

Dès que la double élection fut faite, on songea, de
part et d'autre, à préparer la bénédiction des deux
élus.

Déjà Monseigneur l'Archevêque d'Albi avait, dans
une Lettre pastorale, annoncé à ses diocésains le grand
événement et salué avec bonheur dans les nouvelles
Abbayes la renaissance de ces monastères bénédictins qui avaient, pendant de longs siècles, couvert le
territoire des Eglises d'Albi, de Lavaur et de Castres.
Monseigneur disait tout ce qui s'était fait sur ses sol-
licitations pressantes, avec son concours toujours
bienveillant, sous son autorité archiépiscopale. L'érection des deux Abbayes étaient l'approbation et la
sanction suprême venues de Rome ; il n'y avait plus
qu'à se hâter de consolider l'œuvre par la consécration
de la double bénédiction abbatiale. C'est ce qui eut lieu
les 23 et 24 septembre : le 23, la bénédiction de l'Abbé
de Saint-Benoît ; le 24, celle de l'Abbesse de Sainte-
Scholastique.

Chacun se faisait un bonheur d'être de la fête et
d'assister à des cérémonies que notre contrée n'avait
point vues depuis plus d'un siècle. Des circonstances
plus fortes que toute bonne volonté, n'ont pas permis
d'ouvrir les portes aussi larges qu'on l'aurait voulu.
Ces pages sont pour remédier à ce fâcheux contre-
temps. Heureux *memento* pour ceux qui furent présents, elles diront aux absents ce qui s'est fait ; puis-

sent-elles leur être un sérieux dédommagement !

Serait-il absolument hors de propos, avant de raconter les journées des 23 et 24 septembre, de dire un mot de l'Abbé dans les monastères de Saint-Benoît? L'Abbé est le supérieur, le père des cénobites ; le mot hébreu ou syriaque *abba* veut dire *père*.

Sans traiter ici des origines de la vie monastique, que l'on nous permette de dire avec quelle rapidité cette vie, ébauchée en Orient par saint Basile et d'autres encore, définitivement établie par saint Antoine, se propagea dans ces contrées. C'est par centaines qu'on y voyait les abbés siéger dans les conciles généraux.

En Occident, la vie monastique avait aussi de bonne heure commencé de ci et de là. Comme les étoiles pâlissent et disparaissent devant le soleil levant, ainsi les règles particulières s'éclipsèrent quand parut la règle de Saint-Benoît. Dès lors les monastères se multiplièrent rapidement. Tout d'abord composés de laïques ou de simples clercs, gouvernés par un abbé laïque lui aussi ou initié seulement aux Ordres inférieurs, les monastères ne tardèrent pas à compter un certain nombre de prêtres. Ils étaient appelés, en effet, à donner des missionnaires aux peuples barbares, des curés à un grand nombre de paroisses, des évêques aux diocèses. Alors que les électeurs épiscopaux étaient partout libres de porter leur choix sur un moine, certains évêchés, et non des moindres, ne pouvaient recevoir que des titulaires venant de telle ou telle abbaye.

On comprend dès lors l'influence des monastères dans toute cette Europe du moyen-âge, la puissance de certains abbés, les privilèges dont les enrichirent les conciles et les Souverains Pontifes, enfin l'honneur que leur fit l'Eglise de pouvoir revêtir, en certaines circonstances, les ornements réservés à l'évêque et de se servir d'insignes, apanage jusque-là de la dignité épiscopale.

Ces actes réitérés des Conciles et des Papes sont comme une collation de lettres de noblesse aux abbayes et aux abbés. Le noble, en effet, a toujours été celui qui se fait *connaître* par de grands exploits qui vont au bien de tous. La noblesse accordée était la reconnaissance des services rendus, une obligation à les continuer ; aussi le peuple ratifiait-il volontiers les titres et les honneurs que distribuaient les rois et les empereurs.

Entre toutes les abbayes, il en est une plus célèbre que les autres, celle du Mont-Cassin. Noble par ses origines, elle a vu sa gloire se perpétuer à travers les siècles avec la continuation des services rendus à la chrétienté. Métropole de l'ordre monastique en Occident, source de lumières sacrées et profanes, foyer intense de la vie religieuse, lieu de pèlerinage des empereurs et des rois, elle a vu des princes lui demander l'humble bure monacale, elle a donné à l'Eglise des évêques, des cardinaux et des papes. Son supérieur porte un titre unique, il est l'Abbé des Abbés : *Abbas Abbatum* ; les Abbés des monastères qui s'y rattachent jouissent de privilèges particuliers. Les deux monastères de Dourgne appartiennent à la Congrégation du

Mont-Cassin, dont la vieille gloire resplendit sur leur jeune front.

A quelle époque précise les Abbés devinrent-ils l'objet des distinctions flatteuses dont nous parlons? Il serait difficile de le dire. Tout ce que nous savons, c'est que l'usage des pontificaux pour les Abbés se répandit surtout au xᵉ siècle. La plus ancienne concession de ce genre nous est marquée par une constitution du pape Théodore confirmant, en mai 643, le privilège des pontificaux concédé par Honorius Iᵉʳ à l'Abbé de Bobio.

Quant aux Abbesses, la source de l'usage de la croix pectorale, de l'anneau et de la crosse est encore plus cachée. C'est une de ces choses qui prennent naissance ici ou là, une distinction accordée à quelques-unes, qui s'étend peu à peu à toutes les autres. Satellites des Abbés, comme leurs monastères l'étaient des Abbayes d'hommes, la gloire des uns a rejailli sur les autres, et, sans rien entreprendre sur des privilèges qui, dans l'Eglise de Dieu, ne sont point de leur sexe, les Abbesses devinrent l'objet d'honneurs qui ressemblaient à ceux de leurs frères. Elles surent les légitimer par des services qui, pour être moins apparents, n'en furent pas moins réels, et l'Eglise n'a pas eu à se repentir d'avoir, en honorant ces vierges, rappelé en quelque sorte et consacré le rôle et l'influence que la divine Vierge, bien que placée en dehors de la hiérarchie sainte, avait exercés auprès des Apôtres et des premiers évêques de Jésus.

Les nobles prirent des *armes,* c'est-à-dire un blason qui servait à les distinguer les uns des autres dans les tournois ou la mêlée des combats. Bientôt ces blasons, formés au gré du caprice ou d'événements fortuits, virent attribuer une symbolique à leurs émaux, couleurs et pannes ; les pièces eurent leur signification comme les couleurs, leur symbole.

Les supérieurs des monastères ne sont pas seuls à posséder des armes, l'abbaye elle-même en a aussi. La création de ces blasons n'est pas chose facile. Elle requiert des connaissances spéciales et demande de la simplicité, deux choses qui manquent aujourd'hui trop souvent en cette matière. Nos monastères ont eu la bonne fortune de rencontrer, pour réaliser leur pensée, un moine de l'abbaye de Solesmes, le R. P. dom de Saint-Michel, très versé dans la science héraldique et dont le nom fait autorité. L'on va juger s'il a su, sans s'écarter des règles de son art, s'inspirer des goût et dévotion des moines et moniales de Dourgne.

Le blason de l'abbaye d'Encalcat est Vairé d'or et de gueules. Le vair est l'emblème de l'union et de la persévérance. Les vieux auteurs héraldistes affirment que les sires de Couci furent les premiers qui prirent ces armoiries.

Un Couci faisait la guerre aux infidèles. Dans un combat, ses gens sont mis en déroute, ses bannières prises ou renversées. Vêtu d'un manteau écarlate doublé de petit-gris ou de vair, il l'enlève, le coupe par bandes qu'il attache à des lances. Ses hommes d'armes rejoignent ces nouveaux étendards et il les mène à la victoire. Depuis lors, les descendants de la maison de Couci ont adopté le vair comme champ de leurs armoiries.

Dans les armes de l'abbaye de Saint-Benoît, les couleurs accentuent encore la pensée qu'expriment les pièces ; c'est l'or, emblème de la force ; le gueules, marque de la sagesse et de la pureté. De cette façon, est symbolisée l'union qui doit exister dans un monastère et qui en fait la force en même temps que le charme.

La devise est un cri d'espérance et de victoire ; l'ennemi qui sépare ne pourra prévaloir contre cette étroite union : *En Calcat Draconem* : « Voici qui foule le Dragon. » Le jeu de mots qui se trouve ici n'est pas chose nouvelle dans une devise héraldique.

Le nouvel Abbé a pour armoiries personnelles : *de sable à la bande de vair, accompagnée en chef d'un fer de lance à l'antique d'argent, et en pointe d'une croix ancrée d'or.* La croix de Saint-Benoît avait ici sa place marquée, la lance nous dit le cœur de Jésus, dévotion trois fois chère aux enfants du R. P. Muard. Le vair, qui est ici argent et azur, nous parle de Notre-Dame, sous les auspices de laquelle se placent l'Abbé et ses moines. Le fond est de sable, emblème de la douleur et de la pénitence. C'est la couleur de l'habit bénédictin ; ce sont les vertus que son froc prêche tous les jours au moine de Saint-Bernard.

La devise du premier Abbé d'Encalcat dit sa ferme espérance d'un long et bel avenir pour l'œuvre qui commence, puisque Dieu en est le premier ouvrier : *In te speravi :* « C'est en vous que j'espère, » ô mon Dieu, ô Marie, ô Père S. Benoît.

Le blason de l'Abbaye de Sainte-Scholastique est *palé d'or et de sable au chef de gueules chargé d'un lys d'argent accosté de deux roses d'or.* Le pal tire son nom des pieux qui servaient à la clôture des tournois ou pas d'armes. Il a semblé que rien ne pouvait mieux symboliser cette clôture monastique, faite de force et de prudence, dans laquelle les moniales sont placées par les trois vœux de la religion, mieux encore que par les murs de leur monastère. Le chef de gueules chargé de lys et de roses, dit les Vierges sages toujours veillant dans l'attente de l'Epoux. La devise *Plus potuit, quia plus amavit* : « Elle a été la plus forte, parce qu'elle a aimé davantage, » est empruntée au récit que saint Grégoire nous a laissé du miracle de la pluie obtenu par sainte Scholastique, pour contraindre son frère, ce soir-là trop rigide observateur de la Règle, à prolonger jusqu'au lendemain leur pieux entretien. La charité couronne tout, donne à tout la mesure à proportion qu'elle devient elle-même sans mesure.

Madame l'Abbesse a d'argent à la croix anacrée de sable, chargée en abîme d'un lys d'argent et cantonnée de quatre roses de gueules. C'est le plus beau spectacle que les yeux du Seigneur puissent contempler ici-bas, la pénitence jointe à la pureté ; c'est la loi des compensations qui sauvent le monde ; l'immolation du cloître faisant contre-poids aux outrages que les hommes prodiguent à leur Dieu. L'amour et la force, symbolisés par les roses de gueules, disent que rien ne saurait détourner dans cette noble entreprise de la réparation.

La devise continue la protestation confiante du R^{me} Père Dom Romain : *Usque ad mortem* : « Jusqu'à la mort. » Non, l'assurance en Dieu ne saurait être trompée.

Pendant que les peintres de Saint-Benoît s'occupaient à reproduire ces diverses armoiries pour en orner les murs des monastères, les moniales disposaient leur chapelle pour la double cérémonie, car c'est en présence de la double Communauté que les deux élus devaient recevoir la bénédiction abbatiale.

L'espace était restreint. Plus tard, Notre-Seigneur aura, à Sainte-Scholastique, une église digne de lui ; pour le moment, une des salles du monastère fait fonction de chapelle. Le chœur des Religieuses en occupe, à lui seul, les deux tiers. Où mettre les invités ? Car, enfin, il est impossible de n'en point avoir. L'autel sera changé de place et fera face à la porte d'entrée extérieure. Pendant que Nos Seigneurs les Évêques, les Abbés, les représentants des Ordres religieux trouveront place dans le sanctuaire, le clergé et les moines occuperont le vestibule de la chapelle. Quant aux fidèles, une estrade dressée au dehors, sur un des côtés de la chapelle, leur permettra de suivre la cérémonie à travers les multiples fenêtres débarrassées de leur vitrerie. Les petits imprimeurs de l'orphelinat Saint-Jean, à Albi, ont imprimé les prières et les cérémonies de la bénédiction. Muni de cette gracieuse brochure, chacun pourra suivre, comprendre et suppléer aussi à ce qui manquera un peu au spectacle des yeux.

Cependant le sanctuaire de la chapelle a reçu sa parure d'oriflammes, de verdure, de fleurs et de lumières. C'est simple, frais et gracieux. De ci, de là, quelques inscriptions disent la joie, la reconnaissance, l'espérance aussi. Les armes des Evêques présents, des abbayes de la province cassinaise de France s'élèvent sur le tout en couleurs plus vives, en traits plus brillants.

Enfin, voici le 23 septembre, c'est le jour de la bénédiction du R^{me} Père Dom Romain Banquet. On avait désiré le soleil, on n'eut que de la pluie. Impossible de faire une entrée solennelle et d'accueillir, comme on l'aurait voulu, les hôtes illustres du monastère. Déjà le clergé a pris sa place, les fidèles sont à leur poste, abrités sous la toile qui recouvre l'estrade extérieure. Nos Seigneurs les Evêques, les Révérendissimes Pères viennent séparément occuper leurs fauteuils dans le sanctuaire. L'on vit arriver successivement : Mgr Fonteneau, archevêque d'Albi ; Mgr Petit, archevêque de Besançon ; Mgr Rougerie, évêque de Pamiers ; le R^{me} P. Dom Delatte, abbé de Solesmes ; le R^{me} P. Dom Gréa, abbé de Saint-Antoine et supérieur général des Chanoines Réguliers de l'Immaculée-Conception ; le R^{me} P. Dom Ruéra, abbé de Monserrat et visiteur de la province cassinaise d'Espagne ; le R^{me} P. Dom Etienne, abbé de la Grande-Trappe de Mortagne ; le R^{me} P. Dom Augustin Bastres, abbé de Notre-Dame de Belloc-sur-Joyeuse, au diocèse de Bayonne, le R^{me} P. Dom Thomas Dupérou, abbé de Sacred-Heart, dans le territoire indien (Etats-Unis) ; le R^{me} P. Dom Léandre, prieur de Kerbeneat, au diocèse de Quimper, et aujourd'hui visiteur de la province française ; le R. P. Dom Cabrol, prieur de Solesmes, et nommé prieur de la nouvelle fondation d'Angleterre, au diocèse de Perstmouth ; le R. P. Dom Mocquereau, grand-chantre de l'abbaye de Solesmes ; les représentants des Dominicains et Jésuites. Le R. P. Dominique, supérieur général des Tertiaires Réguliers de Saint-François, avait, à bien des titres, sa place marquée ici ; la sépulture d'un de ses religieux, survenue au moment du départ, l'empêcha seule de venir l'occuper. Nul ne l'a plus regretté, nous le savons, que le R^me Dom Romain.

Monseigneur l'Archevêque d'Albi, qui doit faire la cérémonie, a déjà entonné *Tierce,* et la fonction liturgique commence. *Tierce* finie, le Pontife s'asseoit devant l'autel, et les deux Assistants de l'Elu, le R^me P. Dom Delatte et le R^me P. Ruéra, se lèvent ; le R^me P. Abbé de Solesmes, parlant au nom du monastère de Saint-Benoît-d'Encalcat, demande la bénédiction abbatiale pour le R^me P. Dom Romain. L'Archevêque ne peut y procéder sans l'autorisation du Saint-Siège : un moine d'Encalcat lit le document suivant qu'il fait précéder de cette déclaration :

« Comme il résulte des privilèges authentiques de
« la Congrégation cassinaise que ses Abbés élus et
« dûment confirmés ont, par le fait même, tous les
« privilèges, le droit aux insignes et la juridiction des
« Abbés perpétuels et qui ont été bénis ; que, d'un
« autre côté, ils restent libres, s'ils le veulent, de de-
« mander à être bénis, le Décret de confirmation
« suffit et a toute la valeur d'un mandat apostolique.
« Le voici :

« Dom Dominique Séraphin, abbé général de la
« Congrégation cassinaise de la Primitive Observance

« de l'Ordre de Saint-Benoît, au Révérendissime dans
« le Christ Père Dom Romain Banquet, abbé, et à
« toute la Communauté du monastère de Saint-Benoît
« d'Encalcat, de l'Ordre de Saint-Benoît, salut dans
« le Seigneur.

« Les actes authentiques qui nous ont été transmis
« nous ont appris que le Chapitre de votre Monastère,
« récemment érigé en Abbaye, a, le 14 du mois de
« juillet dernier, élu, à l'unanimité, pour son premier
« Abbé, le R. Père Romain Banquet, qui en avait été
« plusieurs années le Prieur. De concert avec notre
« conseil, nous avons examiné avec soin les actes de
« votre Chapitre et avons constaté que l'élection avait
« été faite dans la forme régulière. Nous savons éga-
« lement que l'Elu est aussi distingué par la science
« que par la vertu ; il ne reste donc plus qu'à ajouter,
« à cette élection, la valeur de notre confirmation.
« Nous donc, par l'autorité que nous tenons de nos
« Constitutions approuvées par le Saint-Siège, nous
« acquiesçons volontiers, par les présentes lettres, au
« choix qui a été fait de vous, mon Révérendissime
« Père, et nous confirmons votre élection. Nous vous
« saluons donc premier Abbé d'Encalcat, et décla-
« rons qu'aussitôt après la publication de notre dé-
« cret, la prise de possession de votre Monastère et
« l'inauguration de votre gouvernement abbatial,
« vous jouirez pleinement des droits et privilèges qui
« appartiennent aux Abbés de notre Congrégation.

« Continuez donc, mon Révérendissime Père, à
« gouverner, avec le talent dont vous avez fait preuve
« jusqu'ici, le Monastère qui vous est confié, et que

« vos subordonnés ne cessent point de vous aimer et
« de vous obéir. Nous demandons au Dieu tout-puis-
« sant qu'il vous comble de ses biens, vous, les
« moines et les frères de votre Monastère.

« En foi de quoi.

« Donné à Rome, à Saint-Ambroise, le 15 août, en
« la fête de l'Assomption de la B. V. M., l'an 1896.

« D. Dominique Sérafini,

« *Abbé général de l'Ordre de Saint-Benoît.* »

Il serait trop long de décrire ici toutes les cérémonies de cette bénédiction abbatiale, ce serment de fidé-
lité à l'Eglise romaine et au Souverain-Pontife, cet
examen qui fait passer sous les yeux de l'Elu un ré-
sumé de ses obligations nouvelles, ces ardentes sup-
plications des psaumes de la Pénitence destinés à
préparer l'Abbé à sa nouvelle vie, ces appels à tous
les Saints du Paradis dans le chant des litanies, cette
préface, aussi belle que longue, qui dit si bien ce que
doit être le moine et ce que doit être l'abbé, ces orai-
sons pour la bénédiction des insignes pontificaux qui
nous en font connaître le merveilleux symbolisme, la
tradition successive au nouvel Abbé, de ces divers insignes qui lui confèrent chacun un nouveau degré
d'honneur et de gloire, l'intronisation sur le siège
abbatial, et puis, alors que le Pontife a entonné le *Te
Deum,* ce moment toujours émouvant où l'Abbé se
lève, mitre en tête et crosse en main, et, accompagné
de ses deux Assistants, parcourt l'assemblée, répan-
dant partout ses premières bénédictions.

Les pas du Révérendissime Dom Romain se sont
tout d'abord portés vers la grille du chœur des mo-

niales, et ses filles sont tombées à genoux sous sa main bénissante. Que de bonheur et dans le cœur du père et dans le cœur des filles ! Que de reconnaissance pour le Seigneur qui a tout fait ici !

L'Abbé a repris sa place sur le siège abbatial, et ses moines sont venus à l'obédience. Ah ! il n'a pas fallu les inviter deux fois. Comme ils y allaient volontiers, un religieux empressement dans la démarche, la joie sur le visage. Avec quel mélange de respect et de filiale tendresse ils baisaient l'anneau de leur Prélat et en recevaient le baiser de paix !

La religieuse attention prêtée à toutes ces cérémonies n'empêchait pas les yeux de se porter avec une légitime curiosité sur les insignes pontificaux du nouvel Abbé. Dons de l'amitié ou de la reconnaissance, ils sont dignes et de la piété des donataire et du mérite de celui qui les a reçus. La croix, diverses croix pectorales, plusieurs anneaux et d'autres objets encore font le plus grand honneur à M. Broliquier, orfèvre à Lyon, dont la religion et le talent ont si bien secondé son amitié pour le Rme P. Dom Romain. La crosse, de style roman, porte, en émail, au-dessous du nœud, les armes de l'Abbé. Par-dessus le nœud, quatre niches renferment les statuettes de l'apôtre saint Jean, de saint Benoît, de sainte Scholastique et de la bienheureuse Marguerite-Marie. Dans la volute, Marie-Madeleine tombe aux pieds du Christ ressuscité et fait passer tout son cœur dans ce cri : « Mon bon Maître ! »

Les divers anneaux portent la croix de saint Benoît, chacune de leur pierres précieuses dit un souvenir, évoque une mémoire chère.

Une mitre a surtout attiré les regards. Impossible,
du reste de voir rien de plus frais, de plus délicat.
Sur un riche fond d'argent, un gracieux églantier dé-
roule les volutes de ses branches ornées de feuillage
et de fleurs. En bas, perche le corbeau de saint Benoît,
tandis qu'en haut se joue la blanche colombe de
sainte Scholastique. Un médaillon d'une broderie tout
artistique se trouve sur chacune des deux faces. Sur
l'une, saint Romain donne l'habit monastique à saint
Benoît, enfant par l'âge, homme déjà par la maturité
de la vertu ; sur l'autre, saint Benoît bénit sainte
Scholastique à genoux. Vraiment, une telle mitre ne
pouvait venir d'un atelier profane, il fallait, pour ce
travail, des mains religieuses. Il n'y avait que des
âmes profondément nourries des choses monastiques
qui pussent concevoir ce chef-d'œuvre et l'exécuter
dans le calme radieux d'un cloître bénédictin.

Le cérémonial de la bénédiction était épuisé et notre
brochure nous « renvoyait en paix. » Mais saint
Benoît, comme autrefois le Christ au désert, avait
dressé la table dans la solitude. Quand il s'agit de ses
moines, la chère est maigre et les mets sont mesurés :
quand le Christ, dans la personne des hôtes, est reçu
dans un monastère, la Règle a des attentions et des
profusions que connurent bientôt les ecclésiastiques
présents à la cérémonie du matin et les laïques no-
tables invités à s'asseoir, avec Nos Seigneurs les
Évêques, à la table du R^{me} Père Abbé.

Le dîner terminé, les groupes se formèrent et l'on
devisa jusqu'au moment des vêpres. On se faisait un
plaisir d'entourer les Évêques si simples et si bienveil-

lants, on était heureux de lier un moment conversation avec le savant Abbé de Solesmes, que l'amitié la plus étroite et la confraternité religieuse la plus dévouée unissent aux monastères tarnais : l'insolite du costume de Dom Gréa, ce rochet canonial, porté partout, attirait, et sa conversation vive, assaisonnée d'esprit et d'érudition vous retenait ; la robe blanche du Rᵐᵉ Père Dom Etienne et son scapulaire noir rappelaient à tous ce qu'il a fait pour faire revivre, à la Trappe, les fortes mais douces traditions de saint Bernard et de Cîteaux ; le Rᵐᵉ Abbé de Bel-Loc racontait le rapide et vigoureux développement de son abbaye, sur les confins du Béarn et des pays basques ; Dom Thomas nous parlait de sa mission d'Amérique. Il n'est pas jusqu'au Rᵐᵉ Abbé de Montserrat que l'on n'arrivât à comprendre dans sa langue castillane, tant il y mettait de grâce et d'expression.

A 3 heures, on se rendit à la chapelle pour les vêpres ; mais ici les moniales firent tous les frais. Ce fut l'une des filles les plus chères de dom Guéranger, madame l'Abbesse de Sainte-Cécile de Solesmes qui officia, selon le cérémonial bénédictin, à sa place, dans le chœur des religieuses. On avait plaisir à entendre la voix de l'officiante, et ce n'est pas non plus sans une respectueuse curiosité que l'on regardait briller la crosse d'argent, qu'une chapelaine tenait devant elle. Cette crosse semblait en appeler une autre et augurait la cérémonie du lendemain.

C'est une fête pour les oreilles et pour le cœur d'entendre le chant grégorien renouvelé de l'ancien, que les disciples de dom Pothier s'efforcent si heureusement de rendre à nos églises. Il suffit de l'avoir entendu pour reconnaître et sa lointaine origine et sa supériorité sur toutes les interprétations modernes. Les Bénédictines de Dourgne avaient reçu une première formation à Solesmes même ; le R. P. dom Mocquereau, qui ne recule devant aucun déplacement ni aucune fatigue pour la restauration du chant liturgique, était à Dourgne pour la seconde fois Il a eu tout lieu d'être content de ses élèves. Le matin, laissant de côté ces messes de Dumont qui, au jugement de beaucoup, passent encore pour être solennelles, on avait chanté le kyrie *Fons bonitatis,* le lendemain, on devait chanter le kyrie des « Fêtes de la sainte Vierge. »

Les vêpres terminées, Monseigneur l'Archevêque de Besançon a pris la parole. Monseigneur Petit est un poète, et un homme versé dans la spiritualité.

L'affection fraternelle de saint Benoît et de sainte Scholastique, le double monastère du mont Cassin, sur les limites de ces deux retraites, la cellule si souvent témoin des célestes entretiens du frère et de la sœur lui ont fourni de délicates allusion à la double fondation bénédictine de Dourgne et aux deux héros de nos fêtes, héros que Sa Grandeur a pu connaître et apprécier depuis nombre d'années au sein du diocèse de la Rochelle. Ce qu'il en avait vu alors l'avait deux fois attiré vers les monastères naissants.

Trois jours après l'entretien, que les miracles de la pluie torrentielle fit prolonger jusqu'au matin, Benoît vit l'âme de sa sœur jumelle monter aux cieux sous la forme d'une blanche colombe. Cette vision a fourni au pieux prélat le thème de son discours : *le vol de l'âme*. A la suite des saints, nous avons compris que le bonheur n'est qu'en Dieu, et, dégageant nos âmes de toutes les attaches de la terre, nous prenions notre essor vers Dieu. Telle était, aux accents de cette éloquence aussi forte que douce, notre impatience d'atteindre le but, qu'abandonnant les ailes trop tardives de la timide colombe, nous avons, en terminant, demandé à l'aigle rapide et la vigueur de ses ailes et la puissance de son regard pour nous perdre dans cette lumière inaccessible qui fait le bonheur des élus dans la gloire.

La bénédiction du saint Sacrement fut donnée par Monseigneur l'Évêque de Pamiers. Monseigneur Rougerie est, pour les Bénédictins d'Encalcat, le plus paternel et le plus cordial des amis. Deux missions générales données par le R^{me} dom Romain et ses moines, à Pamiers et à Foix, l'ont gagné à l'œuvre de la fondation de Dourgne, et la douce bonté avec laquelle il se plaît à visiter ces monastères n'a d'égale que la filiale et respectueuse tendresse avec laquelle on l'y reçoit.

La première journée de nos fêtes paraissait finie, elle ne le fut pas pour tout le monde. Pendant que Monseigneur Fonteneau allait se reposer dans son séminaire de Castres, pour revenir le lendemain de bonne heure dire la messe dans la chapelle intérieure de Sainte-Scholastique et donner à ses moniales le bonheur de communier de sa main, pendant que Nosseigneurs de Besançon et de Pamiers retournèrent à

Touscaïrats, où M. le comte de Perrigny leur donnait, dans son magnifique château, la plus noble et la plus gracieuse des hospitalités, la famille religieuse du R^{me} dom Romain, en possession de son père, pour la première fois de la journée, le faisait asseoir dans la salle du Chapitre, sur sa nouvelle chaire abbatiale, don des orphelins de Saint-Jean, à Albi.

Tout le monde connaît les relations du R^{me} Père Romain et de l'ordre bénédictin avec ces orphelins de Saint-Jean, auxquels le R^{me} Père a contribué à donner de véritables mères dans la personne des Oblates de Saint-Benoît. Ces enfants ont voulu témoigner leur reconnaissance et montrer un spécimen de ce qui se fait dans leur atelier de menuiserie et de sculpture, sous la direction d'un homme de talent. Vraiment cette chaire est belle dans sa simplicité et rappelle bien ces sièges un peu massifs, sobres, mais pleins de caractère, dans lesquels les peintres de la bonne école aiment à asseoir le patriarche des moines d'occident.

Dès que le R^{me} Père Romain eut pris place, entouré des autres abbés, de sa communauté et de quelques autres intimes, les *alumni* lui disent, dans un chant gracieux, et leur bonheur et leur reconnaissance. Aux frères plus jeunes succèdent les frères aînés. Tout à coup un dialogue s'engage entre trois jeunes religieux. Que va bien être leur conversation tenue ainsi dans une salle de Chapitre et quel sera le thème choisi?... Rassurez-vous, il n'y aura rien que de grave, rempli de modestie toute bénédictine, et si l'esprit s'y montre, ce sera toujours dans la note voulue.

Nous avons, tout à l'heure, parlé du chant grégorien exécuté par les moniales, les moines n'ont pas voulu rester en arrière, eux aussi ont réclamé les leçons de dom Mocquereau. S'ils en ont profité, nous l'avons vu le matin dans le chant des litanies, nous allons mieux juger encore tout à l'heure. Ce sont du reste des convaincus, pour deux d'entre eux la cause du chant grégorien est entendue et jugée, et les dernières préventions du troisième vont tomber bien vite devant le zèle juvénile, mais éclairé, de ses frères. Qui fut ravi d'entendre ce dialogue et l'exécution des chants? ce fut surtout dom Mocquereau. Il trouva là une délicate expression de la reconnaissance que lui ont vouée les religieux d'Encalcat, pour son empressment à se rendre à leurs moindres désirs, et la bonté infatigable avec laquelle il se met à leur disposition.

Quant à l'œuvre du moine-poète, dont tout le monde connaît et le nom et l'agréable facilité, on en jugera mieux par la lecture que par un compte rendu. Sa pièce trouvera place à la fin de ce récit.

La seconde journée de nos fêtes s'annonça plus sereine que la première. Le ciel, qui avait été prodigue de ses ondées le mercredi, parut, ce jour-là, vouloir donner un caractère moins sombre à ce qui allait se faire. Est-ce une température meilleure, est-ce une sympathie d'un genre particulier, est-ce une curiosité toujours respectueuse mais plus excitée encore que la veille, est-ce le rite et les prières de l'Eglise revêtant ce jour-là plus de grâce, est-ce l'absence de l'encom-

brement que l'exiguïté du sanctuaire avait rendu iné-
vitable hier?... toujours est-il que la bénédiction de
madame l'Abbesse revêtit un caractère tout particulier. Il est difficile d'imaginer quelque chose de plus
imposant à la fois.

Ce fut Monseigneur de Besançon qui bénit la nouvelle abbesse, au cours de la messe chantée pontifica-
lement. Dans la bouche de Monseigneur Petit, les prières du pontifical, qu'elles fussent lues ou chantées,
donnèrent, à la magnifique scène qui se déroulait
sous nos yeux, un caractère de grâce, de justesse et
de clarté qui saisissait les sens et parlait à l'intelligence.

Bien des cérémonies et pas mal de prières sont
communes à la bénédiction d'un abbé et à celle d'une
abbesse. Elles passaient devant nous, nous montrant
combien l'Eglise s'entend à honorer ceux qu'elle élève
au-dessus des autres, mêlant en mère prudente les
leçons aux dignités augustes ; et notre émotion allait
croissant jusqu'au moment où, le sacrifice achevé, le
Pontife prenait par la main la nouvelle abbesse et la
faisait asseoir sur son propre trône. Debout, à sa
droite, après lui avoir donné pouvoir de gouverner
son monastère, tant au spirituel qu'au temporel, il
entonna le chant triomphal de l'hymne d'actions de
grâces. Alors l'abbesse se leva et, à genoux, reçut des
mains de l'archevêque la crosse abbatiale. Le bâton
d'argent se termine par une volute faite d'une branche
de lis. Du milieu des fleurs épanouies s'envole la colombe de sainte Scholastique.

La bénédiction était terminée, l'abbesse n'avait

plus qu'à retourner au milieu de ses filles. Précédée du maître des cérémonies, accompagnée de ses deux marraines, suivie par deux des serviteurs du monastère, elle fut conduite à la porte de clôture où l'attendaient quatre de ses filles, les mêmes qui l'avaient amenée jusque-là, au début de la cérémonie. Des prêtres, des fidèles, des enfants bordaient ce chemin couvert de tapis et jonché de fleurs, et chacun contemplait ce spectacle nouveau pour tous ici d'une abbesse s'en allant, la croix sur la poitrine, l'anneau au doigt, la crosse à la main, vision évoquée d'un passé que beaucoup croyaient à jamais évanoui. Bientôt la porte du monastère se referma et ce fut au tour des filles spirituelles de madame Marie Cronier de lui rendre les honneurs et le respect dont l'Eglise a voulu entourer l'élue d'une communauté bénédictine.

Une seconde fois, les nombreux invités vinrent s'asseoir dans la salle élégamment ornée de verdure et de draperies autour de la table abondamment dressée par l'hospitalité monastique. Les deux marraines de Madame l'Abbesse, sa sœur, Madame Renard, et sa belle-sœur, Madame Paul Cronier, occupèrent la droite et la gauche du R^{me} dom Romain.

Après le *Benedicite*, le R^{me} Père Abbé prit la parole, et, écartant le toast comme n'étant pas prévu dans la Règle de saint Benoît, il donna lecture des quelques télégrammes venus de Rome, de France et de Belgique. Le R^{me} Abbé général joignait à ses vœux pour le nouvel Abbé ses hommages reconnaissants à Monseigneur l'Archevêque d'Albi, par la haute bienveillance duquel et son sympathique concours l'œuvre des deux fondations avait été menée à bonne fin. En terminant le R^me dom Romain, au nom de la Communauté et de la paroisse de Dourgne, remercie Monseigneur l'Archevêque d'avoir nommé M. Brieu, curé de Dourgne, chanoine honoraire de son église métropolitaine. Les applaudissements nourris qui accueillirent ces dernières paroles prouvaient combien tout le monde était heureux de ces honneurs conférés à l'un des ouvriers, et non des moindres, de l'œuvre bénédictine dans la patrie de saint Stapin.

En quelques mots, Monseigneur l'Archevêque chargea le R^me Père Abbé de faire savoir au Père Général combien il était touché de son souvenir en cette circonstance.

Et maintenant les invités se sont retirés, les guirlandes ont été détachées des murs, les oriflammes sont rentrées et les jeunes abbayes, qui ont retrouvé leur calme à peine interrompu, ont repris le paisible cours de leur vie régulière ; mais elles ont désormais pour nous un charme une grandeur de plus. L'avenir, malgré les efforts des mauvais, nous paraît plus sûr, un intérêt plus grand s'attache pour nous au progrès des édifices matériels à mesure que la Providence augmentera et les ressources et le nombre de ceux qui aimeront à vivre sous ces crosses. Quand nous reviendrons frapper à la porte de ces maisons, le sol lui-même nous paraîtra plus saint et l'influence du cloître plus pénétrante.

Puissiez-vous, mon Réverendissime Père et, vous,

Madame très vénérée, nous convier bientôt, en des jours de plus grande liberté, à la consécration des églises que vous aurez construites pour vous y acquitter tous les jours envers la Majesté divine, de cette *œuvre de Dieu*, recommandation première de votre glorieux Père et la force de l'Eglise comme la source de cette paix qui rayonne autour de vous.

UN AMI DÉVOUÉ DES DEUX ABBAYES.

Éloge du Chant Grégorien

A L'OCCASION DE LA BÉNÉDICTION
DU R^{me} P. ABBÉ DE SAINT BENOIT D'ENCALCAT

FR. MAUR

Pour fêter notre Père avec intelligence
Et cœur en même temps, le plus heureux moyen
Serait, à mon avis, de faire, en sa présence,
Un éloge abrégé du Chant grégorien.

FR. MICHEL

L'idée est excellente et j'y souscris sans peine.

FR. PLACIDE

Ce n'est point mon avis ; et, pour vous dire vrai,
Au lieu de prendre un chant qui vous coupe l'haleine,
J'aurais gardé celui de Reims et de Cambrai.

FR. MAUR

Mon frère, vous tiendrez un tout autre langage
Quand vous aurez vaincu quelques difficultés ;
Voyons, il ne faut pas sitôt perdre courage.

FR. PLACIDE

Il ne faut pas, non plus, altérer nos santés.
Je ne puis, moi surtout qui me sens asthmatique,
Retenir si longtemps mon souffle prisonnier.

FR. MAUR

Ce que vous dites là n'est guère monastique,
Et le vieil homme en vous semble encore régner.
A mesure, d'ailleurs, que vous saurez les règles
Du Chant grégorien, vous respirerez mieux.
Il faut du temps à tout : vous savez que les aigles
N'atteignent pas d'un trait la coupole des cieux.
Commencez, vous aussi, par essayer vos ailes.

FR. PLACIDE

Hélas ! il me faudra rester toujours aiglon...
Ne prenez pas ceci pour de vaines querelles ;
Il est plus d'un ancien qui me donne raison.
Si je les consultais, ces moines vénérables,
Ils diraient, comme moi, qu'on pouvait s'en tenir
A des chants qui passaient pour non moins admirables.

FR. MAUR

Tenez, sans plus tarder, vous allez convenir
Que celui dont je parle est préférable à l'autre
Soyez impartial, et sans respect humain,
Laissez-là votre avis pour adopter le nôtre,
Si devant son aîné Cambrai pâlit soudain ..
Du chant que vous vantez veuillez me faire entendre
Un morceau qui, pour vous, soit le *nec plus ultra*,
Et, dans votre intérêt, tâchez de le bien rendre.

FR. PLACIDE

En ce cas, je choisis le *Quinque talenta*

(Frère Placide exécute l'antienne QUINQUE TALENTA *selon le Chant cambraisien, mais en martelant chaque mot.)*

FR. MAUR

Soit dit sans vous blesser : en chantant de la sorte,
Vos lèvres frappaient l'air comme à coups de marteau.

Pour montrer que le Chant grégorien l'emporte,
Je n'ai qu'à l'appliquer à ce même morceau.

(Frère Maure, chante la même antienne, selon le Chant grégorien.)

FR. MAUR

Qu'en pensez-vous, mon frère ?

FR. PLACIDE

         Il faut que je m'incline.
A parler franchement, devant un tel rival,
Le Chant cambraisien fait assez piètre mine.

FR. MICHEL

C'est bien, car vous jugez en moine impartial.

FR. PLACIDE

Je maintiens toutefois avec même franchise
Que pour exécuter votre chant préféré,
Il faut n'être pas neuf en fait de vocalise
Et n'avoir pas au cœur un asthme invétéré.

FR. MAUR

Cette difficulté serait fort peu de chose
Si, lorsque rencontrant un signe convenu,
Vous aviez soin de faire une petite pause ;
Les plus récalcitrants l'ont souvent reconnu.
Eh quoi ! ce qu'on faisait au temps de saint Grégoire
Ne serait plus possible au temps où nous vivons ?
L'Ordre bénédictin, alors si plein de gloire,
Perdrait-il aujourd'hui l'éclat de ses rayons ?

FR. PLACIDE

Vous me rendez honteux.

FR. MAUR

        Chantez-nous une antienne

Avec les courts arrêts indiqués par l'auteur;
Observant en tous points la mélodie ancienne,
Et vous aurez du coup recouvré votre honneur.

(Communion Vos qui secuti actis me, *etc., de la messe des Martyrs)*

FR. MAUR

Très bien exécuté.

FR. MICHEL

Je vous en félicite;
Vous paraissiez chanter sans peine et sans effort.

FR. MAUR

Votre asthme, ce me semble, a disparu bien vite ;
Vous êtes loin d'avoir une face de mort.

FR. MICHEL

Pour moi, je crains bien plus, en dépit de ces barres
Qui marquent les repos, les neumes si nombreux
Auxquels on a donné des noms vraiment barbares,
Pour les rendre sans doute encore plus scabreux...
Quand je vois s'entasser formule sur formule :
Podatus Torculus, Salicus, Scandicus,
Le frisson me saisisit et d'effroi je recule,
Mais c'est pour trébucher sur un *Céphalicus.*
Impossible de fuir ; je me heurte sans cesse
Contre un *Epiphonus* ou contre une *Clivis;*
Et quand dans ma fierté soudain je me redresse,
C'est pour prendre une entorse au *Pes-subipontis.*

FR. MAUR

Tous ces mots. j'en conviens, ne sont pas poétiques;
Mais en quoi nuisent-ils à la beauté du chant ?
Les neumes ont toujours leurs effets mélodiques :
Vous allez, devant nous, le prouver à l'instant. —

Chantez ce Graduel, ménageant chaque chute,
De façon...

FR. MICHEL

Ah! je crois vous avoir deviné,
De façon à ce que, si je fais la culbute,
J'évite tout au moins de me casser le nez.

Frère Michel chante le Graduel de la fête de l'Epiphanie :
Surge, Jerusalem, etc.

FR. MAUR

Vous voyez que, malgré votre peur enfantine,
Vous avez tenu bon et vous êtes debout.
L'obstacle n'est donc pas tel qu'on se l'imagine :
A force de travail on triomphe de tout...
Il eût fallu pourtant observer les nuances
Avec plus d'art encor : tantôt enfler la voix,
Tantôt la comprimer ; marquer les différences
D'après les sentiments qu'expriment à la fois
Le texte liturgique et le rythme lui-même,
Mais sans prétention ; car, ne l'oublions pas,
Le naturel en tout doit être l'art suprême. —
Appliquons, maintenant, pour rendre nos débats
Encor plus instructifs, ladite théorie :
J'ai choisi, pour cela, parmi tant de morceaux
Où coulent tout le temps des flots de mélodie,
Celui qui m'a toujours paru l'un des plus beaux.

(Communion Quinque prudentes virgines, *etc., de la messe des vierges.)*

FR. MICHEL

C'est ravissant !

FR. PLACIDE

Je fais mes sincères louanges
Au chant grégorien : il vous transporte au ciel.

FR. MICHEL

Peut-il être plus beau le chant même des anges ?

FR. PLACIDE

On y voit le cachet d'un génie immortel

FR. MAUR

D'un génie inspiré par la source vivante
De toute mélodie, en d'autres termes : Dieu.

FR. MICHEL

La prière n'a pas de voix plus suppliante.

FR. PLACIDE

Oh ! c'est bien celle là qu'il fallait au saint lieu !

FR. MICHEL

Quel chant inimitable !

FR. PLACIDE

Il est vraiment céleste

FR. MICHEL

Toujours vert, toujours beau, toujours neuf, toujours frais.
(Quoique certaine école aujourd'hui le conteste.)
Il ne se flétrit pas, il ne vieillit jamais !

FR. MAUR

Sur la terre d'exil, c'est bien le chant de l'âme
D'où s'exhale un parfum de foi, de piété ;
L'amour y sent passer une divine flamme ;
L'espérance, un élan vers l'immortalité...
Honneur donc, chers amis, aux moines de cet âge !
Honneur, gloire surtout à Grégoire le Grand !

FR. MICHEL

Ce sont eux qui nous ont légué pour héritage
Un si riche trésor, leur magnifique chant.

FR. MAUR

Le temps qui détruit tout de sa faulx meurtrière
Voulut porter atteinte à ce trésor sacré ;
Mais Dieu veillait sur lui comme veille une mère
Sur l'enfant qu'une plaie a tant défiguré.
L'heure vint cependant, où le Maître suprême
Fit sortir ce trésor du tombeau de l'oubli ;
Et c'est par vos travaux, ô moines de Solesmes,
Qu'un tel événement s'est enfin accompli.
Si l'on a reconquis ce beau chant dont s'honore,
Avec juste raison, l'Ordre de Saint-Benoît ;
Si dans la sainte Eglise il retentit encore,
Sans nul doute, après Dieu, c'est à vous qu'on le doit...
Ah ! n'est-ce pas le cas, dans notre gratitude,
De chanter tous ensemble une hymne en son honneur,
Hymne qui fut jadis l'objet de votre étude
Et qui sera le prix d'un si rude labeur ?

(Hymne des vépres de saint Maur.)

FR. PLACIDE

Aborder un tel chant paraissait téméraire
Pour des moines obscurs ; pourtant, on nous disait :
« Qu'allez-vous entreprendre? Est-ce donc nécessaire?
« Vous aurez un échec, et ce sera bien fait. »

FR. MICHEL

Mais à tous ces propos, à toutes ces critiques,
Vous êtes resté sourd, ô notre Père aimé ;
En réveillant chez nous les gloires monastiques,
Vous y venez d'admettre un chant si renommé.
Et l'Eglise aujourd'hui, mère vraiment royale,
Voulant récompenser vos mérites nombreux,

Vous a mis dans la main la crosse abbatiale
Dont chacun de vos fils se sent fier et joyeux.

FR. MAUR

O notre père Abbé, c'est par ces chants sublimes,
Echos des chants du ciel, qu'au soir d'un si grand jour,
Nous vous exprimerons nos sentiments intimes,
Ceux qu'inspire à nos cœurs un filial amour.

(Graduel du jour de Pâques : HÆC DIES, etc.)

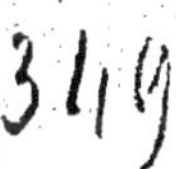